Créer Un Blog Qui Prédit L'Avenir En 20 Minutes:
La Nouvelle Façon 100% Gratuite De Savoir Exactement Ce Que Vos Visiteurs Vont Acheter Sur Votre Site Avec Les Sondages Intelligents.

TABLE DES MATIÈRES

INTRODUCTION.

Bienvenue dans cette formation qui va vous permettre de transformer votre blog ou site en véritable machine à prédire l'avenir.

Vous allez faire partie d'une minorité personnes qui vont savoir exactement ce que vos visiteurs vont acheter sur votre site, là ou l'immense majorité de ceux qui ont un business en ligne ne font que deviner, et perdent parfois des semaines à créer un produit qui ne va leur rapporter que des miettes.

Vous allez pour ça utiliser des sondages intelligents, qui vont bien au delà du retour d'information souvent inefficace des méthodes traditionnelles telles que les commentaires ou l'envoi d'enquêtes.

Vous le verrez dès la première partie, mais beaucoup gens ne veulent aujourd'hui plus poster de commentaires pour ne plus se sentir pris au piège de devoir rendre des comptes notamment à ceux qui dénigrent leur message, alors qu'ils voulaient simplement donner leur opinion.

Ils n'ont simplement plus le temps pour ça, sans compter les nombreuses réponses à côté de la plaque et non constructives qui ont fait abandonner à beaucoup de blogueurs l'envie de mettre une section commentaires, ou de répondre aux commentaires sur Facebook.

Par ailleurs, envoyer des enquêtes est de plus en plus perçu comme quelque chose d'agressif et commercial, et de moins en moins de personnes les remplissent, de peur de se voir encore refourguer un produit à la fin de l'enquête.

Ou alors ils la remplissent à la va vite, simplement pour gagner le cadeau ou la réduction que vous leur avez promis, sans forcément donner des réponses pertinentes.

Quoi qu'il en soit, lire dans la tête des gens et savoir ce qu'ils veulent vraiment ou ce qu'ils pensent est devenu de plus en plus compliqué.

Les sondages intelligents vont ainsi vous permettre d'obtenir très facilement toutes les informations dont vous avez besoin pour non seulement laisser sur place vos autres concurrents, mais également propulser vos revenus.

Vous saurez par exemple exactement quel produit créer pour avoir un maximum d'achat, quel est le meilleur tarif à mettre pour optimiser les ventes, ou encore comment optimiser l'ergonomie de votre site ou améliorer vos anciens produits.

Vous allez en quelque sorte transformer votre business en ligne en véritable boule de cristal, et d'une manière totalement novatrice.

Elle va vous permettre de faire du marketing de contenu de la façon la plus efficace aujourd'hui, en intégrant de manière la plus étroite possible votre marketing au contenu que vous créez.

La beauté de ce système est que vous allez pouvoir le mettre en place et créer votre premier sondage intelligent prêt à l'emploi en moins de 20 minutes et sans aucune compétence technique, dès que vous aurez consommé cette formation.

Voici tout ce que vous allez apprendre dans ces quatre modules :

Module #1
A la fin du premier module, vous aurez compris le principe de fonctionnement des sondages intelligents.

Vous connaîtrez les raisons qui font que les méthodes classiques pour savoir ce que veulent les gens fonctionnent de moins en moins bien.

Vous connaîtrez également le plugin exact à utiliser et les 7 raisons de le choisir en priorité, (mais vous verrez également que vous pourrez choisir de nombreux autres moyens et services si vous souhaitez utiliser ce système avec d'autres outils).

Enfin, vous verrez un exemple concret d'utilisation des sondages intelligents pour valider le besoin et l'intention d'achat d'un produit.

En effet, la meilleure façon de bien comprendre est souvent de voir un cas précis.

Une fois que vous aurez compris le principe de fonctionnement des sondages intelligents, vous passerez alors au deuxième module.

Module #2

Dans ce deuxième module, vous allez découvrir tous les avantages des sondages intelligents et pourquoi ils fonctionnent si bien.

Vous verrez ainsi qu'ils sont bien plus puissants que n'importe quelle autre méthode pour savoir ce qu'il y a dans la tête des gens qui vous suivent.

Module #3
A la fin de ce troisième module, vous découvrirez comment utiliser les sondages intelligents à votre avantage.

Vous connaîtrez les applications les plus importantes que vous pourrez faire avec les sondages intelligents afin de scotcher vos concurrents et décupler vos revenus.

Vous verrez aussi les endroits exacts où vous pouvez placer un sondage intelligent pour transformer votre blog en machine efficace à prédire l'avenir et utiliser ce nouveau pouvoir à plein régime.

Une fois que vous connaîtrez toutes les principales applications et les endroits où placer un sondage intelligent, il sera temps de mettre les choses en place techniquement.

Module #4
A la fin de ce quatrième module, vous aurez complètement installé et mis en place votre premier sondage intelligent sur votre site, en moins de 20 minutes.

Vous serez guidé pas-à-pas dans cette mise en oeuvre extrêmement simple.

Une première partie du module sera dédiée à l'installation et au paramétrage, et une deuxième à la création et publication de votre premier sondage intelligent sur votre site.

Avec tous les retours d'information pertinents que vous allez obtenir avec cette méthode, vous allez très rapidement propulser votre business en ligne à un niveau de résultats et d'efficacité qui n'a plus rien à avoir.

Vous allez littéralement laisser sur place vos concurrents qui ne font que deviner les choses, car vous aurez des données précises et pertinentes à exploiter.

De plus, vous n'aurez plus le risque d'ennuyer votre audience et bien au contraire : vous allez insuffler à votre site une toute nouvelle dynamique de convivialité, dans laquelle votre audience se sentira beaucoup plus impliquée et engagée, et donc achètera encore davantage.

Commençons dès à présent avec le premier module.

MODULE #1: PRINCIPE DES SONDAGES INTELLIGENTS ET POURQUOI LES MÉTHODES CLASSIQUES NE FONCTIONNENT PLUS.

Dans ce premier module, vous allez découvrir le principe redoutable des sondages intelligents et pourquoi ils fonctionnent beaucoup mieux que les méthodes traditionnelles telles que les commentaires de blog ou les enquêtes envoyées par mailing.

Vous découvrirez également le plugin exact à utiliser ainsi que 7 raisons de le choisir en priorité, et vous verrez aussi d'autres alternatives à ce plugin.

Enfin, vous verrez un exemple d'application de ce plugin pour valider le besoin et l'intention d'achat d'un produit et propulser vos ventes.

I.1- Le principe redoutable des sondages intelligents.

Le principe des sondages intelligents repose sur le fait d'utiliser un plugin 100% gratuit qui va vous permettre de mesurer de manière non intrusive à la fois l'intérêt de vos visiteurs pour un produit ou un article, et leur intention d'acheter (l'intérêt et l'intention sont deux choses bien différentes).

Ce qui rend ce principe redoutable, c'est que vous allez pouvoir l'utiliser dès aujourd'hui très facilement, peu importe la taille de votre blog ou site, peu importe la quantité de trafic que vous avez actuellement, et même si vous n'avez aucune compétence technique.

Par ailleurs, il va vous permettre d'intégrer les sondages directement au coeur du contenu de votre blog ou de votre site, pour que le sondage ne soit plus perçu comme un moyen de récupérer de l'information marketing, mais comme quelque chose qui fait désormais partie intégrante de votre contenu.

En d'autres termes, vous allez littéralement transformer votre blog d'un espace de type monologue à un espace de dialogue, mais d'une manière totalement non-intrusive qui n'a plus rien à voir avec une section commentaires par exemple.

Ce qu'il faut savoir, c'est que les gens ont plus qu'envie de donner leur opinion, mais pas à la manière des techniques traditionnelles.

En effet, le gros problème par exemple des sections commentaires est que bien souvent les gens n'ont pas le temps et ne souhaitent pas s'engager à devoir argumenter leur point de vue.

Or, c'est souvent ce qu'il se passe dans les commentaires. Vous laissez un commentaire en pensant bien faire et aider, et vous vous retrouvez avec pleins d'autres commentaires d'autres personnes qui donnent leur avis sur ce que vous avez dit, et émettent souvent des opinions très variées, parfois pour simplement faire ressortir leur égo ou montrer leur science.

Au final, vous qui aviez laissé un commentaire dans un but d'aider ou de faire savoir votre opinion rapidement, vous retrouvez pris dans un engrenage à devoir soudainement vous justifier, répondre aux éventuels contre-arguments ou agressions, etc.

Les gens aujourd'hui ne veulent plus ça.

Ils veulent donner leur opinion, mais ils n'ont plus le temps de débattre et se justifier des jours durant simplement parce qu'ils ont eu le malheur de vouloir s'exprimer.

S'ils ne le font pas, le problème c'est qu'ils peuvent perdre en crédibilité, notamment s'ils utilisent leur profil Facebook pour commenter.

Par ailleurs, si la section commentaires n'utilise pas les profils Facebook, beaucoup de personnes peuvent venir de manière anonyme et laisser des messages totalement bas de gamme, un peu comparables aux messages anonymes qu'on laisse sur les murs des pissotières (pardonnez la comparaison, mais elle illustre bien la qualité de ce genre de messages).

Pour le coup, il ne devient même plus avantageux de laisser une section commentaires pour le blogueur, si c'est pour recevoir des insultes ou des dénigrements anonymes et non justifiés de son travail, plutôt que de lui permettre de mieux comprendre les besoins de son audience.

Une autre solution est alors de proposer aux gens de répondre à une enquête, par exemple avec les services Surveymonkey ou encore Google Forms.

Le problème de ce genre d'enquête est qu'ils sont bien souvent perçus comme étant quelque chose qui à la fois prend du temps (même si vous écrivez que ça ne prend que 2 minutes), et comme une manière un peu trop intrusive destinée à votre marketing.

Bien souvent, vous êtes alors dans l'obligation de donner en échange du temps passé une compensation sous forme de cadeau ou de réduction, rendant au final l'opération davantage commerciale qu'autre chose.

Par ailleurs, le fait de donner un cadeau peut inciter certaines personnes à répondre n'importe quoi et fausser vos résultats, juste pour avoir le cadeau.

Bref, il est d'une manière générale compliqué d'avoir une vision représentative de ce qui se passe dans la tête de vos visiteurs et de déterminer avec précision leurs désirs, leurs problèmes, s'ils comptent ou non acheter avec certitude tel ou tel produit, s'ils sont satisfaits ou pas d'un produit, quel article les captiverait, quel produit futur pourrait être un succès retentissant en termes de ventes, etc.

C'est donc le pouvoir incroyable de divination que vont vous procurer les sondages intelligents, et qui vont vous permettre de savoir exactement quoi faire en termes de produits, d'articles, ou de tout ce que vous voulez d'autre.

Ils vont vous permettre d'intégrer vos étude de marché et de besoin directement dans votre contenu d'une manière qui ne va plus vous faire passer pour un commercial, et d'une manière qui va permettre à vos visiteurs de donner leur avis honnête sans avoir l'impression qu'ils vont être jugés.

En plus de faire en sorte que vos lecteurs se sentent nettement plus impliqués que dans les autre blogs de votre thématique, vous obtiendrez des taux de réponses non seulement extrêmement plus élevés que ce que vous pouviez obtenir avec les anciennes techniques, mais également beaucoup plus précises, pertinentes et constructives que vous pourrez réellement exploiter efficacement.

Maintenant que vous connaissez le principe redoutable des sondages intelligents, voyons voir exactement quel plugin utiliser et 7 raisons de le choisir en priorité.

I.2- Le plugin exact à utiliser et les 7 raisons de le choisir en priorité.

Le plugin exact à utiliser s'appelle WP Polls, et est probablement l'un des meilleurs pour de nombreuses raisons.

Voici 7 raisons de le choisir en priorité par rapport à d'autres.

1- 100% gratuit.

Ce plugin ne vous coûtera pas le moindre centime et vous pourrez en utiliser tous les bénéfices, ce qui est en soi un atout de poids.

2- Facile à utiliser.

En plus de son installation ultra simple, ce plugin est d'une simplicité déconcertante à utiliser et à intégrer dans toutes les activités de votre site.

Vous verrez exactement comment procéder pour l'installer et l'utiliser dans le quatrième module.

3- Puissant.

Le concept de ce plugin est extrêmement puissant, dans le sens où vous pouvez immédiatement profiter de toute son efficacité sans rien avoir à paramétrer de plus, et sans rien toucher aux paramètres par défaut.

Cela se différentie de tous les autres plugins qui ont besoin d'un long manuel avant de comprendre comment paramétrer 50 avant d'en tirer sa puissance maximale, et qui ne fonctionne plus du tout si par malheur un des 50 paramètres est légèrement mal réglé.

La puissance de ce plugin est que vous pouvez l'utiliser de manière optimale dès qu'il est sorti de sa boite, avec les paramètres par défaut.

4- Rapide.

Vous pouvez littéralement installer ce plugin en moins de 10 minutes en un seul clic, et avoir votre premier sondage intelligent sur votre blog en moins de 20 minutes, installation incluse.

5- Ludique.

Il permet de s'engager avec vos lecteurs avec de nombreuses façons différentes et d'obtenir toutes les informations dont vous avez besoin à la fois de manière non-intrusive et non commerciale, et tout en donnant une dynamique beaucoup plus ludique et interactive à votre site en intégrant le sondage au coeur des contenus.

6- Mise à jour régulière.

Contrairement à bon nombre de plugin, celui-ci est mis à jour très régulièrement pour être en permanence compatible avec la dernière version de Wordpress.

Ainsi, vous n'aurez pas le risque qu'il devienne incompatible lorsque vos versions de Wordpress évoluent.

7- Compatible avec les téléphones portables.

Ce plugin peut parfaitement être utilisé à partir d'un téléphone portable ou une tablette, ce qui est une caractéristique extrêmement importante.

En effet, de plus en plus de gens surfent et consultent les blogs et sites web à partir de leur téléphone portable ou tablette.

Votre plugin étant compatible, vous évitez ainsi le risque de ne pas pouvoir capitaliser sur le pourcentage immense de votre trafic qui provient de ces supports.

Vous connaissez maintenant les nombreuses raisons qui en font probablement l'un des meilleurs plugins à choisir en priorité.

Cependant, il se peut que pour des raisons qui vous appartiennent vous en souhaitiez un autre malgré ses très nombreux avantages.

En effet, il est important que vous ne vous sentiez pas bloqué sur un plugin en particulier, et si vous voulez utiliser la stratégie des sondages intelligents mais ne pas utiliser ce produit en particulier, sachez que c'est tout-à-fait possible.

La méthode que vous découvrez dans cette formation peut fonctionner avec différentes autres technologies.

Il suffit simplement de taper quelque chose comme "poll plugin" sur Google pour n'avoir que l'embarras du choix, aussi bien en solutions gratuites que payantes. Vous trouverez ainsi probablement l'outil alternatif qui vous convient le mieux.

Voyons maintenant un exemple concret d'utilisation de la méthode des sondages intelligents qui a permis de valider le besoin d'un produit et l'intention de l'acheter, et de réaliser ainsi des ventes massives qui n'auraient pas été possibles autrement en essayant simplement de deviner ce qui est dans la tête des gens.

I.3- Exemple concret d'utilisation pour valider le besoin et l'intention d'achat d'un produit et décupler les ventes.

Imaginez-vous que vous soyez dans le marketing Internet et que vous souhaitiez créer un nouveau produit d'information, mais que vous ne soyez pas sûr de quel produit va fonctionner.

Vous pensez qu'il serait peut-être intéressant de créer par exemple un produit sur les méthodes les plus efficaces pour construire sa mailing list rapidement, mais vous êtes incertain.

Vous n'avez en effet pas envie de passer plusieurs semaines enfermé dans une cave à créer votre produit si c'est pour qu'il ne vous rapporte que des miettes.

C'est pourtant ce qui arrive plus souvent qu'on ne le pense, même si on croit bien connaître son marché et les besoins de son audience.

Le problème c'est qu'il faut faire bien plus que de se contenter de croire ou de faire des hypothèses.

Il faut avoir des résultats précis, des statistiques claires, un peu comme une boule de cristal infaillible qui va vous indiquer avec certitude si oui ou non la création de tel ou tel produit va être rentable.

Voici alors ce que vous pouvez faire.

Vous pouvez par exemple embarquer un sondage intelligent en utilisant le plugin WP Polls au sein d'un article de blog intitulé :

"Les mailings lists sont-elles vraiment importantes pour réussir sur Internet ?"

Vous pouvez même rajouter devant le titre un message entre crochets qui va indiquer que vous attendez une action de vos visiteurs, par exemple en mettant :

"[Votez SVP] - Les mailings lists sont-elles vraiment importantes pour réussir sur Internet ?"

Puis, vous intégrez dans cet article deux ou trois questions extrêmement simples, où les gens peuvent simplement voter par "Oui" ou "Non" et anonymes.

De cette manière, vous leur permettez de faire entendre leur voix comme ils le souhaitent, sans avoir les inconvénients de risquer d'être jugés ou de devoir s'engager dans des échanges et argumentations interminables comme c'est souvent le cas en utilisant des commentaires.

Ainsi trois questions ont été posées (en anglais) de cette manière pour déterminer s'il serait viable de sortir un produit sur la construction de mailing list.

Voici les résultats de la première question (*"Avez-vous une liste qui vous appartient ?"*) :

1. Do you HAVE a list of your own?

Do you have a mailing list of your own?

Yes

(39%, 106 Votes)

No

(61%. 169 Votes)

Total Voters: **275**

Sur 275 votants, 39% ont répondu qu'ils avaient une mailing list qui leur appartient et 61% ont répondu que non.

Cependant, cette information ne signifie à elle seule pas grand chose. Elle montre simplement qu'il y a une majorité de personnes qui n'ont pas de mailing list.

Elle permet donc de tracer un début de cheminement en montrant que potentiellement, il peut y avoir un besoin dans la volonté de construire une mailing list.

Là où ça devient intéressant, c'est lorsqu'on lit les réponses de la deuxième question (*"voulez-vous avoir une liste qui vous appartient (ou une liste plus grande)?"*) :

2. Do you WANT a list of your own (or a bigger list)?

Do you want to have a mailing list of your own?

Yes

(99%, 267 Votes)

No

(1%, 3 Votes)

Total Voters: **270**

Sur un total de 270 votants, 99% ont répondu "Oui" et seulement 1% ont répondu "Non".

Vous venez immédiatement de valider le besoin d'un produit qui enseigne comment construire sa mailing list.

Mais il faut maintenant déterminer, par une dernière petite question aussi simple que les deux premières, l'intention réelle d'acheter un tel produit chez vous et pas chez un concurrent.

Ce qui compte le plus pour savoir au final si vous devez créer ou pas votre produit, c'est donc cette dernière question.

Pour ça, vous pouvez par exemple poser la question suivante :

"Feriez-vous une formation qui vous apprenne à construire une mailing list si vous faisiez confiance à l'enseignant ?"

En dessous de la question générale, vous pouvez-même mettre si vous le voulez une sous-question qui demande :

21

"Feriez-vous une formation sur la construction de mailing list avec moi ?"

Voici les résultats obtenus par cette question :

3. Would you take a course that taught you how to build a list if you TRUSTED the teacher?

Would you take a course on list building from me ?

Yes

(96%, 264 Votes)

No

(4%, 11 Votes)

Total Voters: **275**

Sur 275 votants, 96% ont répondu "Oui" et seulement 4% ont dit "Non".

En simplement trois petites questions intégrées de manière ludique, non intrusive et transparente au coeur de votre contenu qui demandent à vos visiteurs moins de 10 secondes, vous avez déterminé avec une grande précision s'il sera rentable ou pas de créer votre produit sur la construction de mailing lists.

Les achats qui ont suivis la création du produit ont été massifs, et la formation s'est vendue à 844 exemplaires, avec un simple petit sondage intelligent sans lequel rien de tout ça n'aurait été possible.

Vous commencez à voir la puissance incroyable de cette technique ?

Ceci termine ce premier module.

Vous connaissez maintenant le principe des sondages intelligents.

Vous avez compris pourquoi ils vont vous donner des résultats qui n'ont plus rien à voir avec les techniques classiques pour déterminer par exemple ce que les gens vont acheter sur votre site.

Vous avez découvert le plugin exact à utiliser et vous avez aussi vu 7 raisons pour lesquelles il est intéressant de le choisir en priorité, les principales étant qu'il est extrêmement simple, rapide, efficace à mettre en place, et qu'il est 100% gratuit.

Enfin, vous avez vu un exemple concret d'utilisation pour vous permettre de voir la puissance de ce plugin et à quel point il peut vous économiser des semaines de travail et décupler vos revenus, en sachant exactement ce que veulent vos visiteurs.

Le tout étant fait de manière ludique, non intrusive et non chronophage pour vos visiteurs, tout en donnant une dynamique à votre blog et une capacité de lire dans leurs pensées que bien des concurrents vous envieraient.

Le deuxième module va maintenant vous montrer de manière plus précise quels sont les avantages des sondages intelligents et pourquoi ils font un carton.

MODULE #2: AVANTAGES DES SONDAGES INTELLIGENTS ET POURQUOI ILS CARTONNENT.

Dans ce deuxième module, vous allez voir l'ensemble des avantages et les raisons qui font que les sondages intelligents fonctionnent si bien.

Voici ces différentes raisons et avantages dans les pages qui suivent.

II.1- Facilité d'utilisation.

Les sondages intelligents sont très faciles à utiliser et à mettre en place, comme on a pu le voir précédent.

Un seul plugin peut être installé en moins de dix minutes et vous pouvez avoir créé et mis en ligne votre premier sondage intelligent en moins de vingt minutes.

Par ailleurs, vous n'avez besoin d'aucune compétence technique particulière, ni de passer des heures d'apprentissage ou de paramétrage.

II.2- Gratuité.

Un autre avantage qui n'est pas des moindre est que vous allez pouvoir faire une réelle enquête et étude de marché sans dépenser le moindre centime.

Vous pourrez littéralement tout connaître du comportement, des besoins et des problèmes de vos utilisateurs.

Vous saurez également ce qu'ils pensent de vos produits, comment vous pouvez améliorer vos produits, quels produits ils attendent de vous, etc.

Le tout sans aucun frais ni besoin de payer des agences marketing ou de sondage des centaines ou milliers d'euros.

II.3- Redonne vie à vos anciens contenus.

Il s'agit ici d'un aspect très important. Si vous êtes blogueurs et que vous publiez régulièrement des articles, il arrive un moment où vos articles, même s'ils ont eu du succès, ne sont plus visibles sur votre première page.

Ainsi, au bout de trois semaines, quatre mois ou un ou deux ans, certains de vos articles populaire tombent un peu dans l'oubliette des archives et plus grand monde ne les consulte.

Vous pouvez grâce aux sondages intelligents redonner vie à vos anciens articles auxquels vous croyez.

Il vous suffit de reprendre votre ancien article, d'y intégrer un sondage intelligent, et de le republier.

Vous lui redonnerez ainsi vie instantanément, et vous constaterez même que davantage de personnes se sentent engagées par votre article que la première fois où vous l'avez publié.

II.4- Intègre votre marketing dans votre contenu.

Un autre avantage énorme de cette technique est que votre marketing s'intègre totalement dans votre contenu et a l'air d'être lui même du contenu.

C'est d'ailleurs probablement ce que vous pouvez faire de mieux en termes de marketing de contenu, qui dit la chose suivante :

"Ayez du contenu utile et un marketing furtif et efficace".

Vous pouvez difficilement faire ça mieux qu'en utilisant les sondages intelligents.

Ici, votre marketing est intégré de manière tellement proche de votre contenu qu'on peut à peine faire la différence entre les deux, ce qui vous donne une puissance énorme.

II.5- Fait ressortir votre blog du lot et améliore son look.

Grâce aux sondages intelligents, votre blog acquiert une dynamique totalement différente des autres blogs de la thématique et le fait ressortir du lot.

En effet, de nombreux articles posent à l'intérieur des questions, mais ces questions restent en quelque sorte en suspens et statiques.

Lorsque vous ajoutez un sondage intelligent à chaque fois que vous posez une question dans un article de blog, vos lecteurs se sentent beaucoup plus engagés et préfèrent ça.

II.6- Transforme votre blog d'un monologue en dialogue.

La plupart des blogs délivrent essentiellement de l'information en mode monologue.

C'est uniquement le propriétaire du blog ou du site qui délivre régulièrement du contenu aux lecteurs, et ça ne va que dans un sens, en mode monologue.

En intégrant les sondages intelligents, vous cassez ce mode de fonctionnement et vous passez d'un monologue à un dialogue, ce qui permet d'impliquer davantage vos lecteurs et qu'ils se sentent plus engagés et concernés par vos contenus.

Et plus vous allez les amener à réaliser de petites actions sur votre site comme par exemple des clics, plus ils vont y être fidélisés puisqu'ils se sentiront engagés, et donc plus vous avez de chances de réaliser des ventes par la suite.

II.7- Permet d'exprimer son opinion sans avoir la contrainte des commentaires sur les blogs ou réseaux sociaux.

La plupart des gens ont envie d'exprimer leur opinion et de faire valoir leur voix, mais comme on l'a vu dans le premier module, ils hésitent à le faire surtout lorsqu'il s'agit de laisser un commentaire sur un blog ou un réseau social comme Facebook.

Les gens n'ont aujourd'hui plus la même envie de laisser des commentaires, notamment parce qu'ils n'ont pas le temps de rester engagés à suivre et argumenter leur commentaire si d'autres personnes font des remarques dessus.

Ils veulent pouvoir donner leur opinion sans avoir cette contrainte.

C'est pourquoi les sondages intelligents sont parfaits pour ça.

Ils peuvent exprimer leur opinion de manière totalement anonyme et ainsi ils n'ont pas besoin d'assurer un service "après vente" de leur commentaire.

De plus ils peuvent le faire sans perdre de temps en moins de 10 secondes, et avec une simplicité déconcertante en répondant simplement par "Oui" ou "Non".

Cela motive donc énormément plus de personnes à donner leur opinion et les gens adorent ça et passent à l'action.

II.8- Crée une puissante preuve sociale et d'autorité sans l'obligation d'une présence intense sur les réseaux sociaux.

Un autre grand avantage des sondages intelligents est qu'ils créent une puissante preuve sociale.

En effet, lorsque vous dites par exemple dans un article de blog que vous avez réalisé un sondage et que 83% des personnes sur tant de personnes interrogées qui ont répondu ont dit qu'elles pensaient ci ou ça, c'est un très bon moyen de créer à la fois de la preuve sociale et d'autorité de part l'aspect scientifique d'un sondage.

Par ailleurs, vous n'avez pas l'obligation de devoir avoir une présence active sur les réseaux sociaux pour y parvenir, comme par exemple de devoir envoyer 50 Tweets par jour ou de faire 200 posts sur Facebook chaque jour.

Les réseaux sociaux restent bien entendu un excellent moyen très puissant de construire sa preuve sociale, mais ils peuvent paraître parfois un peu fastidieux à entretenir de part les obligations de poster régulièrement.

En revanche, les sondages intelligents sont un moyen de créer le même type de preuve sociale et d'autorité sans avoir besoin de passer tout ce temps sur les réseaux sociaux.

II.9- Permet de rester anonyme.

On en a parlé un peu plus haut, mais l'anonymat est un point psychologique important.

Il permet à vos lecteurs de faire entendre leur voix sans être identifiés.

Beaucoup de personnes qui lisent les blogs ne veulent plus commenter parce qu'ils ne souhaitent plus se sentir ensuite obligés de suivre les débats qui se créent autour de leur commentaire.

Ils ne veulent pas avoir des gens qui sont en désaccord avec eux et qui vont se lancer dans des argumentations sans fin, mais ils veulent en revanche exprimer leur opinion.

Ils peuvent le faire sans être identifiés grâce à un sondage intelligent.

II.10- Ne crée quasiment aucune résistance et enlève la résistance des enquêtes traditionnelles.

De part son aspect anonyme et sa simplicité à répondre simplement par "Oui" ou "Non, les sondages intelligents ne créent quasiment aucune résistance pour y répondre.

De plus, en s'intégrant étroitement avec votre contenu, ils enlèvent la résistance à passer une enquête traditionnelle telle qu'on peut par exemple recevoir par email, et qui sonne très marketing et commercial.

Il y a en effet beaucoup de résistance à passer des enquêtes aujourd'hui car tout le monde les utilise plus ou moins pour vendre. Elles sont souvent le symbole chez les gens d'un signal qui leur indique qu'ils vont avoir affaire à un message promotionnel ou qu'une page de vente n'est pas très loin.

C'est par exemple ce à quoi ressemblent les webinaires actuellement.

Vous rappelez-vous la dernière fois où vous avez assisté à un webinaire gratuit avec seulement de l'information et sans qu'il n'y ait le moindre message pour essayer de vous refourguer quelque chose ?

Quel que soit le marché de niche, très peu de gens vont faire un webinaire d'une heure et se contenter simplement à la fin de remercier les gens d'y avoir assisté en leur souhaitant une bonne journée.

Ils font faire un message promotionnel à la fin, ce qui est un moyen totalement valide pour vendre des choses.

Le problème est que les gens sont maintenant de plus en plus sur leur garde, car ils ont assisté à tellement de webinaires qui promettaient uniquement du contenu, et qui se sont finalement révélés être un argumentaire commercial géant pour un produit ou un service.

De la même manière, ils ont réalisé bien trop d'enquêtes dont la page de remerciement était une vidéo de vente qui démarrait automatiquement et que vous ne pouviez plus arrêter qu'ils sont désormais méfiants.

Tous ces problèmes n'ont pas lieu avec les sondages intelligents, c'est pourquoi ils ne créent quasiment aucune résistance.

II.11- Permet de faire étude de marché semi-scientifique pour votre site et vos produits.

Les sondages intelligents vous permettent de faire une étude de marché semi-scientifique pour votre site et vos produits existants et à venir.

On dit semi-scientifique car il s'agit de quelque chose d'anonyme et que ce n'est pas un organisme certifié tel que le TNS Sofres ou l'IFOP.

Cependant, lorsque les gens viennent sur votre site et que vous voyez qu'ils ont voté, c'est non seulement quelque chose de fun mais aussi qui vous donne des informations que vous n'aviez pas auparavant.

C'est peut-être seulement semi-scientifique, mais ça n'en reste pas moins des informations qui valent de l'or.

II.12- Ne demande pas d'acquérir du nouveau trafic web.

Vous n'avez pas besoin avec cette technique de devoir faire l'acquisition de nouveau trafic web.

Que vous ayez 5 visiteurs par jour ou 5000, cette méthode va ré-énergiser votre ancien contenu. Elle va commencer à faire les gens cliquer et être actifs sur votre blog là où ils étaient passifs avant.

Qu'ils soient 5 ou 5000, mettez un sondage intelligent en face d'eux et voyez ce qu'ils vont faire.

II.13- Permet de construire votre mailing list.

Les sondages intelligents peuvent réellement vous permettre de construire votre mailing list.

Par exemple, il suffit d'en réaliser un sur un sujet particulier et ensuite juste en dessous de la question vous mettez un petit bouton qui dit quelque chose du genre :

"Voudriez-vous avoir plus d'information ?"

Si les gens cliquent dessus, s'ouvre alors une fenêtre avec un formulaire d'inscription pour leur permettre de recevoir cette information, ce qui vous permet ainsi de construire votre mailing list tout en faisant votre étude de marché.

II.14- Augmente le temps passé sur votre site et l'interaction.

Les sondages intelligents permettent d'augmenter le temps que les gens passent sur votre blog ou site ainsi qu'il l'interaction qu'ils ont avec.

Nous avons évoqué un peu plus haut l'importance que les gens fassent de petites actions sur votre site telles que des clics.

Imaginez avoir un magasin et que les gens passent toute la journée devant votre vitrine à admirer ce qu'il y a dedans. Ça serait un premier niveau d'interaction et les gens seraient des observateurs.

Maintenant, imaginez que les gens décident de s'engager et rentrent dans votre magasin.

Ne pensez-vous pas que les chances pour qu'ils achètent quelque chose augmenteraient drastiquement ?

Bien sûr que oui.

En cliquant sur vos sondages intelligents, il sera beaucoup plus facile pour eux de cliquer lorsque vous faites une recommandation.

Ceci termine ce deuxième module.

Vous connaissez maintenant les nombreux avantages des sondages intelligents ainsi que les raisons qui expliquent pourquoi ils fonctionnent si bien en comparaison des méthodes traditionnelles telles que les commentaires de blog ou les enquêtes classiques qu'on reçoit par exemple par email.

Maintenant que vous connaissez le pourquoi, voyons voir le comment.

Vous allez ainsi découvrir dans le module suivant comment utiliser les sondages intelligents à votre avantage.

MODULE #3: COMMENT UTILISER LES SONDAGES INTELLIGENTS À VOTRE AVANTAGE.

Après avoir vu le "pourquoi", vous allez découvrir dans ce module tout ce qui concerne le "comment", et comment vous pouvez utiliser les sondages intelligent à votre avantage.

Vous allez d'abord voir dans une première partie le processus simple en 3 étapes pour utiliser les sondages intelligents.

Vous verrez ensuite les différentes applications des sondages intelligents pour scotcher vos concurrents et décupler vos revenus, puis les meilleurs endroits où mettre un sondage intelligent pour transformer votre blog en machine efficace à prédire l'avenir.

III.1- Le processus simple en 3 étapes pour utiliser les sondages intelligents.

Le processus pour utiliser les sondages intelligent est extrêmement simple.

Voici les 3 étapes :

1- Installer WP Polls.

La première étape est d'installer le plugin WP Polls sur votre blog ou site, ou un autre plugin ou service équivalent que vous préférez.

2- Créer votre sondage intelligent.

La deuxième étape consiste à créer votre sondage en écrivant votre ou vos questions.

3- Intégrer dans votre contenu.

La troisième étape consiste à intégrer votre sondage intelligent dans votre contenu, par exemple au sein d'un article de blog, simplement en collant un petit code.

Telles sont les trois étapes extrêmement simples pour utiliser les sondages intelligents.

Rassurez-vous, vous verrez dans le quatrième module en détails comment mettre en place ce processus.

Voyons voir maintenant les différentes applications des sondages intelligents pour scotcher vos concurrents et décupler vos revenus.

III.2- Les différentes applications des sondages intelligents pour scotcher vos concurrents et décupler vos revenus.

Vous allez découvrir ici les différentes façons d'utiliser les sondages intelligents à votre avantage.

Vous allez voir comment ils peuvent vous permettre d'avoir une avance considérable et creuser rapidement l'écart avec vos concurrents, et comment ils vont vous aider à décupler vos revenus et optimiser votre temps.

1- Découvrir le plus gros désir et le plus gros problème de votre audience.

La première application des sondages intelligents est de vous permettre de découvrir quel est le plus gros désir et le plus gros problème qu'ont vos lecteurs.

Bien connaître ces deux aspects des personnes qui vous suivent est fondamental et extrêmement puissant.

Plus vous connaîtrez vos prospects et clients en détails, plus vous saurez comment ils réagissent, ce qu'ils achètent, etc, et plus vous serez pertinent dans votre relation avec eux pour bien les servir.

Par exemple, vous pouvez simplement mettre un sondage intelligent anonyme en haut de la colonne de droite ou de gauche de votre blog (on verra dans la partie suivante les meilleurs endroits pour mettre un sondage intelligent) en leur demandant qu'est ce qu'ils veulent le plus et en leur donnant par exemple 5 choix de réponses différents.

Les réponses peuvent parfois être surprenantes, mais vont vous permettre de vous aider considérablement à créer du contenu et des produits que les gens veulent.

Ainsi, vous prenez l'avantage sur vos concurrents qui ne savent pas toujours quoi écrire comme article ou quoi faire comme produit.

2- Optimiser vos tarifs.

Vous pouvez utiliser les sondages intelligents pour déterminer combien vos visiteurs seraient prêts à payer pour tel ou tel produit, et ainsi optimiser vos tarifs et vos ventes.

En fixant le prix au niveau de ce qu'ils seraient prêt à payer, vous vous assurez d'écouler un maximum de produits.

En effet, il vaut mieux fixer un tarif par exemple à 57 euros qui correspond au tarif maximal que votre audience serait prête à payer et en écouler 100
, plutôt que de suivre votre idée initiale en mettant votre produit à 197 euros et n'avoir que 12 clients.

Par exemple vous pouvez leur dire quelque chose du style :

"Je vais proposer un nouveau produit qui fait toutes ces choses merveilles. Combien pensez-vous qu'un tel produit peut valoir ?"

Puis proposez-leurs trois choix.

Leur retour vous donne alors directement une indication précise sur leur sensibilité au prix et ce qu'ils seraient prêt à payer pour un produit particulier.

Vous pouvez ensuite fixer votre tarif en fonction de leur réponse pour optimiser vos ventes, bien mieux qu'un concurrent qui a fixé un peu son prix au hasard.

3- Déterminer de quel produit votre audience a besoin.

Vous pouvez grâce à un sondage intelligent déterminer de quel produit votre audience a besoin avant de commencer à le créer.

De cette manière, vous vous assurez que votre produit a toutes les chances de se vendre et que vous n'allez pas passer des semaines de travail à créer un produit qui ne vous rapportera que des miettes.

Notez que vous êtes ici beaucoup plus spécifique en parlant d'un produit en particulier, et pas seulement du plus grand désir ou problème de votre audience comme on l'a vu un peu plus haut.

En effet, le plus grand désir ou problème peut par exemple être de vouloir plus de temps ou de perdre moins de temps à faire telle ou telle chose, de gagner plus d'argent sur Internet, de perdre du poids, etc.

Les sondages intelligents spécifiques à un produit sont différents de ça.

C'est notamment l'exemple qui a été utilisé dans le I.3, lorsqu'il a été posé la question suivante :

"Feriez-vous une formation qui vous apprenne à construire une mailing list si vous faisiez confiance à l'enseignant ?"

96% des votants avaient alors répondu par "Oui", ce qui permet de donner une énorme confiance que l'investissement en temps et en argent à créer un tel produit sera au final une opération extrêmement lucrative, ce qui fut largement le cas.

Ainsi, pendant que vos concurrents transpirent de longues semaines à créer un produit avec le stress de savoir s'il se vendra ou pas, vous avez une tranquillité d'esprit totale et que savez avec une grande confiance que vous allez faire un grand nombre de ventes.

4- Mesurer l'intention d'achat.

Un autre moyen d'utiliser les sondages intelligents consiste à mesurer l'intention d'achat.

L'intention d'achat et l'identification des désirs ou problèmes sont deux choses différentes.

Si vous demandez à 100 personnes ce qu'elles veulent ou quel est leur problème du moment et que vous leur offrez trois choix différents, elles choisiront parmi ces choix.

Si vous demandez à ces mêmes personnes si elles achèteraient un produit satisfaisant ce désir ou solutionnant ce problème actuel, vous aurez probablement un bien plus faible pourcentage de personnes qui vous diront que oui.

Vous pouvez identifier les désirs ou les problèmes avec un premier sondage intelligent, et l'intention d'achat avec un deuxième sondage.

Ou alors vous pouvez faire un seul sondage intelligent composé qui regroupe les deux, selon votre préférence.

5- Savoir s'ils ont aimé votre article.

Vous pouvez demander aux gens s'ils ont aimé un article sur votre blog et s'ils l'ont trouvé utile.

Sans pour autant faire ça sur chaque article, prenez-en quelques-uns et placez-y en dessous un sondage intelligent en demandant s'ils ont aimé l'article et l'ont trouvé utile.

De cette manière, vous avez des retours sur la qualité de vos articles sans obliger les gens à laisser des commentaires.

6- Mesurer l'ergonomie et facilité d'utilisation de votre site.

Vous pouvez mesurer l'ergonomie et facilité d'utilisation de quasiment tout sur votre site.

Il peut s'agir de la barre de menu, de la facilité à trouver vos articles, à naviguer dans les différentes sous-thématiques, à utiliser telle ou telle nouvelle fonctionnalité, à se retrouver facilement dans votre site, etc.

Vous pouvez simplement demander quelque chose du style :

"Trouvez-vous ceci utile ou pratique ?"

Cela vous donne des indications extrêmement précieuses pour améliorer les choses et l'expérience utilisateur sur votre blog ou site.

7- Déterminer les degrés de satisfaction des produits achetés.

Vous pouvez facilement déterminer les degrés de satisfaction des produits achetés par vos clients, par exemple en leur demandant au travers d'un sondage intelligent :

"Etes-vous satisfait par cet achat, par ce produit particulier ?"

Vous pouvez ainsi facilement améliorer les produits ou services en vous basant sur ce retour d'expérience anonyme.

8- Améliorer des produits ou services existants.

Vous pouvez utiliser astucieusement les sondages intelligents pour découvrir de nouveaux besoins et problèmes sur des produits qui ne vous appartiennent pas (par exemple pour prendre en main un logiciel), pour créer ensuite une formation qui va résoudre le problème.

Par exemple si vous connaissez, aimez ou utilisez le plugin Wordpress qui s'appelle Optimize Press et qui permet de faire facilement des pages de ventes, de bloguer ou de créer des sites à abonnements, vous pouvez faire un sondage intelligent et demander aux gens s'ils l'aiment aussi ou s'ils l'utilisent, etc.

Puis vous pouvez demander dans des questions la chose suivante :

"Si vous possédez Optimize Press, le trouvez-vous facile à utiliser ?"

Curieusement, 60% des gens ont trouvé que c'était plutôt difficile à utiliser.

Cela offre alors une toute nouvelle opportunité pour créer une formation qui explique comment utiliser Optimize Press.

Il existe beaucoup de produits qui sont des usines à gaz. Ils présentent beaucoup de fonctionnalités et les gens n'utilisent jamais en totalité toutes ces fonctionnalités.

En demandant aux personnes qui utilisent ce genre de produits s'ils les utilisent de manière complète et s'ils en sont satisfaits, vous découvrirez au fil du temps que beaucoup de personnes ne savent pas comment bien utiliser ces produits et toutes leurs fonctionnalités.

Cela peut être une réelle opportunité pour vous de soit faire la promotion en tant qu'affilié du produit en question et de donner une formation gratuitement aux personnes qui l'achètent par votre lien, soit de vendre séparément une formation à un prix pas trop élevé, pour permettre aux personnes qui possèdent déjà le produit de l'utiliser de manière optimale.

Maintenant que vous venez de voir toutes les principales applications des sondages intelligents pour scotcher vos concurrents et décupler vos revenus (il en existe probablement bien d'autres), il reste à savoir exactement où mettre ces sondages pour avoir un maximum de résultats et de réponses.

C'est ce que vous allez voir dans la partie suivante.

III.3- Les meilleurs endroits où mettre un sondage intelligent pour transformer votre blog en machine efficace à prédire l'avenir.

Il existe plusieurs places très stratégiques pour intégrer un sondage intelligent et qui fonctionnent très bien.

Si vous utilisez les sondages intelligents à ces endroits, vous allez maximiser le nombre de réponses et pourrez transformer votre blog en véritable machine à prédire l'avenir.

Voici ces endroits exposés dans les pages suivantes.

1- Au coeur, au début ou à la fin de vos articles.

Les sondages intelligents sont parfaits pour s'intégrer très étroitement avec votre contenu.

Aussi, vous pouvez parfaitement les mettre directement en plein milieu d'un article lorsque vous avez par exemple une question à poser en lien avec une partie de votre article.

Vous pouvez aussi les mettre à la fin de votre article ou même commencer votre article par une question.

2- En haut de la colonne de gauche ou droite.

Vous pouvez poser une question importante tout en haut de la colonne de gauche ou de droit de votre blog ou site, de manière à ce qu'elle soit bien visible.

Il est important de ne pas mettre votre sondage intelligent trop bas dans cette colonne, afin qu'il soit au minimum visible sans que la personne n'ait à utiliser la molette de sa souris pour descendre dans la page.

Par ailleurs, l'avantage de ces colonnes est qu'en général elles sont visibles partout lors de la navigation sur votre site, ce qui donnera une exposition encore plus grande.

3- Au sein de l'espace clients ou membres.

Si votre blog ou site possède un espace membres ou clients, mettre un sondage intelligent au sein de cet espace permet de récolter des informations de qualité, car elles proviennent de clients, c'est-à-dire de personnes qui ont déjà acheté chez vous.

Leur avis est donc d'autant plus précieux et pertinent car c'est avant tout ceux qui vous donnent de l'argent que vous voulez servir.

Vous pouvez donc leur demander par exemple en dessous de la nouvelle formation qu'ils téléchargent quels sont leurs besoins et problèmes actuels et sur quel sujet ils voudraient que porte votre prochaine formation pour les aider au mieux.

4- Dans votre signature d'email.

Vous pouvez ajouter un lien vers un sondage dans la signature de votre email.

Posez simplement une question irrésistible dans votre signature d'email et laissez les gens cliquer sur le lien.

Lorsqu'ils le feront, ils seront alors dirigés vers un sondage où ils pourront enregistrer leur opinion de manière totalement anonyme.

Au fil du temps vous pouvez rassembler une quantité immense d'informations de cette façon.

5- Promotion sur les réseaux sociaux.

Vous pouvez faire la promotion d'un sondage intelligent sur les réseaux sociaux comme Facebook ou Twitter, et ça fonctionne extrêmement bien.

Les personnes utilisant les réseaux sociaux ne font pas fans en ce qui concerne de faire la promotion d'un produit ouvertement.

En revanche, poser une petite question ou faire un sondage est une toute autre histoire et vous permettra de collecter une grande quantité d'informations.

6- Signatures utilisées dans les forums.

Vous pouvez aussi inclure un sondage intelligent dans la signature sur un forum.

En effet, il ne s'agit pas de quelque chose de promotionnel qui amène directement vers une page de capture ou une page de vente pour vendre votre produit, ce qui est en général interdit dans les règles du forum.

Vous demandez ici simplement aux gens de donner leur opinion. Ainsi, vous pouvez l'utiliser dans une signature sur un forum ou un service de dialogue en direct.

7- Boite de ressource de vos articles.

La boite de ressource est le petit cadre à propos de vous qui apparaît généralement sous les articles que vous écrivez par exemple dans les ezines (magazines électroniques).

Son but est de faire votre promotion, la promotion de votre site ou blog, et celle de vos produits, vu que vous ne pouvez généralement pas le faire dans l'article en question qui se veut avant tout informatif.

Ainsi, si vous publiez des articles dans ce genre de magazines électroniques, vous pouvez inclure un lien vers un sondage intelligent dans cette boite de ressource qui redirige les gens vers une page de votre blog.

Rappelez-vous que plus vous arriverez à faire cliquer les gens sur des choses et éléments de votre blog, quelles qu'elles soient, mieux ça sera.

En effet, une fois que vous les habituez à cliquer, ils vont commencer à cliquer davantage sur les liens de vos pages de vente, ce qui signifiera plus de ventes pour vous.

8- Dans un pop up de sortie.

Vous avez probablement vu à de nombreuses reprises ces fenêtres qui s'affichent lorsque vous essayez de partir d'un site et qui vous disent de ne pas partir et de vous inscrire pour recevoir tel cadeau afin de ne pas partir les mains vides.

Ces pop up de sortie sont extrêmement efficaces et redirigent en général soit vers une page de capture d'adresse email, soit vers une page de vente.

Par contre, presque personne ne pense à rediriger vers un sondage intelligent.

Ça peut pourtant être d'une valeur inestimable en termes d'informations, de la part de personnes qui s'apprêtaient à quitter votre site, par exemple pour en savoir les raisons.

9- Sur une page de remerciement.

Un autre endroit extrêmement intéressant pour utiliser un sondage intelligent est sur une page de remerciement.

Si vous avez un autorépondeur et que vous construisez votre mailing list, vous allez en général rediriger les gens sur une page de remerciement une fois qu'ils ont rempli un formulaire d'inscription à votre mailing list.

Sur cette page de remerciement, vous avez peut-être l'habitude de dire en général quelque chose du genre :

" Merci pour votre inscription. Voici votre cadeau gratuit."

Si c'est le cas, n'hésitez pas à inclure en plus un sondage intelligent à cet endroit.

C'est l'un des meilleurs moments pour obtenir un taux de réponse élevé, car la personne vient juste d'accomplir l'action de s'inscrire à votre mailing list et est dans une inertie de motivation et d'action.

Il y a probablement d'autres endroits où vous pourrez utiliser les sondages intelligents, mais ceux-ci sont en général ceux qui fonctionnent le mieux.

Gardez aussi à l'esprit que les endroits les plus efficaces sont en général ceux dans lesquels vous ne pouvez pas faire de promotion ouvertement ou dans lesquels on ne s'attend pas forcément à voir de la promotion.

Cependant, vous pouvez les utiliser pour créer de la curiosité en y incluant un lien vers un sondage intelligent (comme par exemple sur les réseaux sociaux, les lignes de votre signature d'email, votre boite de ressource, etc.).

Ceci termine ce troisième module.

Vous connaissez désormais le processus en trois étapes pour utiliser les sondages intelligents.

Vous avez vu les différentes applications que vous pouviez faire avec les sondages intelligents pour vous créer un avantage concurrentiel énorme et décupler vos revenus car vous aurez les moyens de savoir exactement ce que veulent les gens qui vous suivent, comme si vous étiez dans leur tête.

Vous ne pourrez donc pas faire les choses de manière plus sur mesure et ciblée, et donc vous allez passer devant tout le monde.

Enfin, vous avez pu découvrir les meilleurs endroits pour placer un sondage intelligent afin de transformer votre blog en machine efficace à deviner ce que veulent les gens qui vous suivent.

Maintenant que vous savez exactement les applications que vous pouvez faire et les endroits où vous pouvez les insérer, le quatrième module va vous montrer comment installer et mettre en place votre premier sondage intelligent en moins de 20 minutes.

MODULE #4: COMMENT INSTALLER ET METTRE EN PLACE VOTRE PREMIER SONDAGE INTELLIGENT SUR VOTRE SITE EN MOINS DE 20 MINUTES.

Dans ce quatrième module, vous allez découvrir comment vous pouvez très facilement installer et mettre en place votre premier sondage intelligent sur votre blog en littéralement moins de 20 minutes.

Vous allez d'abord voir dans un premier temps comment installer le plugin WP-Polls et le paramétrer sur votre blog.

Puis vous verrez dans un second temps comment créer votre premier sondage intelligent et comment le publier sur votre site.

Note : vous pouvez bien entendu utiliser les stratégies de cette méthode avec un autre plugin ou un autre service.

Toutefois comme nous l'avons évoqué précédemment, WP Polls possède de nombreuses raisons qui expliquent qu'on le choisi ici.

IV.1- Installation et paramétrage.

Il vous suffit pour ça soit de rechercher le plugin WP Polls directement dans l'interface administrateur de votre blog, soit de le télécharger directement en utilisant ce lien l'adresse ci-dessous :

https://fr.wordpress.org/plugins/wp-polls/

Une fois que ce plugin est installé, n'oubliez pas de l'activer.

Ça y est, il est désormais installé et vous pouvez le voir qui apparaît sur la colonne de gauche de votre interface administrateur.

En passant le curseur sur le plugin ou en cliquant dessus, vous pouvez accéder aux onglets suivants :

- Manage Poll.

- Add Poll.

- Poll Options.

- Poll Templates.

Voici un schéma de ce que ça donne dans votre interface administrateur :

Les deux premiers onglets servent à créer votre sondage, et les deux derniers servent à configurer et paramétrer le plugin.

Comme évoqué dans le I.2, vous n'avez rien besoin de paramétrer pour profiter de toute sa puissance et l'utiliser de manière optimale dès que vous l'avez installé.

C'est aussi ce qui fait le gros avantage de ce plugin par rapport à d'autres plugins ou services qui sont des usines à gaz qui ne fonctionnent plus dès qu'un paramètre est modifié.

Cela dit si vous souhaitez faire une configuration différente de celle par défaut, vous pouvez à tout moment modifier les paramètres de configuration de base à l'aide des deux onglets Poll Options et Polls Templates.

Le seul intérêt serait peut-être de modifier le texte "View Results" en "Voir Résultats" qui s'affiche sous le bouton de vote d'une question (ce plugin étant à la base en anglais), comme par exemple dans la question suivante :

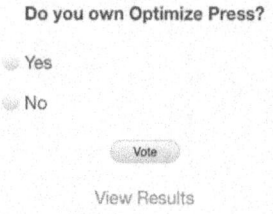

Vous pourrez bien entendu formuler votre question et les réponses possibles comme vous le voulez (on va voir juste après comment créer votre premier sondage intelligent).

Par contre pour changer le "View Results" en "Voir Résultats", il suffit juste d'aller dans l'onglet "Poll Templates", de trouver l'endroit où se trouve le texte "View Results" et de mettre à la place "Voir Résultats".

C'est aussi simple que ça.

Voyons maintenant comment créer votre premier sondage intelligent.

IV.2- Comment créer et publier votre premier sondage intelligent.

Voyons maintenant comment créer votre premier sondage intelligent au travers un exemple.

Imaginons que vous souhaitiez rédiger un article de blog sur les lettres de vente et leur importance.

Vous souhaitez intégrer à cet article un sondage intelligent parce que vous demandez s'il serait rentable de créer un produit qui apprenne aux gens comment rédiger une lettre de vente qui vend, et quel prix vous pourriez mettre sur une telle formation.

On peut dans un même sondage mesurer à la fois l'intérêt, l'intention d'achat et le prix que les gens seraient prêt à mettre et c'est ce qu'on va faire ici en créant un sondage intelligent à trois questions qu'on va intégrer au sein de l'article.

Pour l'inclure c'est très simple. Voici par exemple le milieu de votre article sur les lettres de vente et leur importance, pour voir à quel endroit intégrer le sondage intelligent que vous allez créer :

"Voyons maintenant les 5 avantages principaux d'une lettre de vente efficace sur votre marketing. Et ensuite, j'aimerai vous poser trois questions importantes.

- Avantage 1

- Avantage 2

- Avantage 3

- Avantage 4

- Avantage 5

Maintenant voici les trois questions importantes. S'il vous plait, répondez à chacune d'entre elles. Ça ne prend que 10 à 15 secondes et ça m'aidera à savoir comment vous servir au mieux :

- Question 1 du sondage intelligent

- Question 2 du sondage intelligent

- Question 3 du sondage intelligent"

Vous pouvez intégrer votre sondage intelligent dans l'article aussi facilement que ça.

Maintenant que vous savez où l'intégrer, voyons voir comment créer chacune de vos questions et insérer le sondage dans votre article.

Etape 1 : Créer chacune des questions de votre sondage intelligent.

Dans l'exemple précédent, on doit donc créer un sondage intelligent comprenant trois questions.

Il suffit d'aller dans l'onglet "Add Poll", d'ajouter la première question et les réponses possibles.

Par exemple on veut que la première question soit *"Avez-vous déjà rédigé une lettre de vente ?"* avec deux réponses "Oui" et "Non".

Voici comment l'ensemble de l'onglet Add Poll se présente :

Add Poll

Poll Question

Question   Avez-vous déjà rédigé une lettre de vente ?

Poll Answers

Answer 1   Oui   [Remove]

Answer 2   Non   [Remove]

[Add Answer]

Poll Multiple Answers

Allows Users To Select More Than One Answer?   No

Maximum Number Of Selected Answers Allowed?   1

Poll Start/End Date

Start Date/Time   27   janvier   @ 0 : 17 : 51

End Date/Time   ☑ Do NOT Expire This Poll

[Add Poll] Cancel

Il suffit d'écrire dans la première section "Poll Question" votre question et dans "Poll Answers" vos réponses possibles dans les champs correspondants.

Vous pouvez ajouter autant de choix de réponses que vous voulez en cliquant sur "Add Answer".

En dessous, vous avez la section "Poll Multiple Answers" qu'on ne va pas utiliser ici.

Elle vous permet de donner la possibilité de choisir plusieurs réponses par questions et pas seulement une seule.

Ici on veut seulement une seule réponse possible : soit "Oui" soit "Non" et on ne veut pas qu'on puisse répondre "Oui" et "Non" à la fois, donc on ne touche pas à cette section.

Enfin, vous avez la dernière section "Poll Start/End Date" qui vous permet de clore la possibilité de répondre à la question à une date et heure donnée.

On ne va pas l'utiliser ici non plus car on veut que les gens puissent y répondre en permanence, sans date de fin.

Une fois que votre tout est prêt, il suffit de cliquer sur le bouton "Add Poll" tout en bas pour valider votre question.

Vous voyez à quel point c'est simple ?

La seule chose que vous avez eu à faire en définitive, c'est d'écrire votre question et vos réponses, et de cliquer sur le bouton du bas pour valider.

En validant, votre question s'enregistre avec un identifiant particulier afin de vous permettre par la suite d'insérer la bonne question sur votre site.

Ici, c'est l'identifiant (ID:13), comme ci-dessous :

Maintenant que votre première question est créée, il suffit de créer de la même manière les deux autres.

La deuxième question peut par exemple mesurer l'intention d'achat en demandant *"Seriez-vous prêt à passer 2 heures à apprendre à rédiger une lettre de vente qui vend ?"* avec les réponses possibles "Oui" ou "Non", comme ci-dessous :

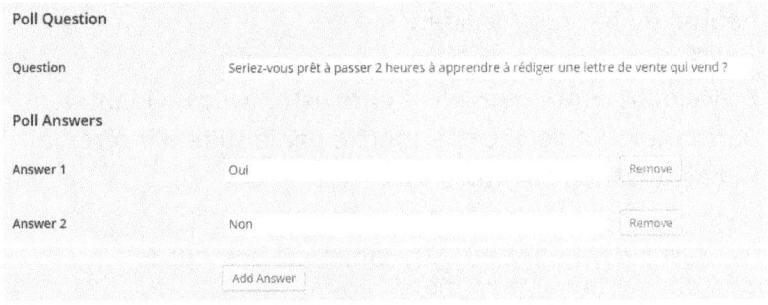

En validant cette question, le plugin nous indique qu'elle a été enregistrée avec l'identifiant ID:14 (les numéros se suivent).

Maintenant qu'on a mesuré l'intention d'achat, on va poser une troisième question pour voir quel prix les gens seraient prêt à payer.

On peut demander par exemple *"Quel serait un bon prix pour une formation apprenant à écrire une lettre de vente ?"*, et en proposant les réponses *"50 - 100 Euros"*, *"100 - 200 Euros"* et *"Plus de 200 Euros"*.

Vu que cette fois il y a trois réponses possibles au lieu de deux (Answer 1 et Answer 2), on rajoute un champ de réponses supplémentaire Answer 3 en cliquant sur le bouton "Add Answer". Voici ce que ça donne :

Add Poll		
Poll Question		
Question	Quel serait un bon prix pour une formation apprenant à écrire une lettre de vente ?	
Poll Answers		
Answer 1	50 - 100 Euros	Remove
Answer 2	100 - 200 Euros	Remove
Answer 3	Plus de 200 Euros	Remove
	Add Answer	

En validant, la question s'enregistre avec l'identifiant (ID:15).

Ça y est, vos trois questions sont créées, en seulement une ou deux minutes.

Vous pouvez retrouver vos trois questions pour voir leur identifiant ou les modifier dans l'onglet "Manage Polls" du plugin, qui liste toutes les questions que vous avez créées depuis l'installation du plugin :

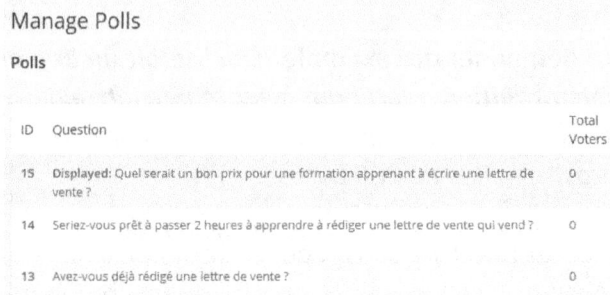

On retrouve l'identifiant à gauche de chaque question. Vous pouvez aussi modifier chaque question en cliquant sur "Edit", à droite de chacune d'elle (non visible ici).

Etape 2 : Intégrer votre sondage intelligent sur votre site.

Maintenant que vos trois questions sont créées, il suffit de les intégrer à votre article.

La seule chose dont vous avez besoin est de connaître l'identifiant de vos questions.

Dans ce cas, les identifiants sont 13, 14 et 15. Si vous ne vous rappelez plus de l'identifiant d'une question, allez simplement dans l'onglet "Manage Poll".

Pour rajouter votre première question dans votre article qui porte l'identifiant 13, il vous suffit d'aller dans l'éditeur texte de votre article et de mettre le texte suivant à l'endroit de l'article où vous voulez que la question s'affiche :

[poll id="13"]

En incluant les trois questions, vous aurez juste à rajouter le texte suivant à l'endroit voulu de votre article pour faire apparaître les trois questions les unes à la suite des autres :
[poll id="13"]

[poll id="14"]

[poll id="15"]

Vous pouvez aussi le faire en utilisant la nouvelle icône qui est apparue (tout à droite avec trois barres verticales croissantes) dans votre éditeur de texte après l'installation du plugin WP Polls :

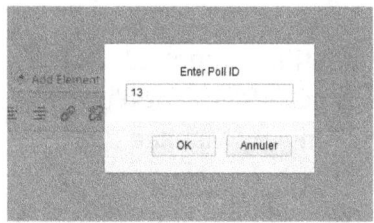

En cliquant dessus, une fenêtre apparaît pour y mettre l'identifiant de votre question :

Puis en validant, le texte s'ajoute automatiquement dans votre article :

Il suffit de faire de même avec les deux autres questions, et vous avez le texte nécessaire pour afficher votre sondage intelligent dans votre article :

[poll id="13"]
[poll id="14"]
[poll id="15"]

Votre sondage intelligent est désormais intégré et prêt à accueillir les votes.

Voici de quoi ça a l'air sur votre article :

Avez-vous déjà rédigé une lettre de vente ?

○ Oui
○ Non

Vote

Voir Résultats

Seriez-vous prêt à passer 2 heures à apprendre à rédiger une lettre de vente qui vend ?

○ Oui
○ Non

Vote

Voir Résultats

Quel serait un bon prix pour une formation apprenant à écrire une lettre de vente ?

○ 50 - 100 Euros
○ 100 - 200 Euros
○ Plus de 200 Euros

Vote

Voir Résultats

Ceci termine ce quatrième module.

Vous savez désormais comment mettre en place très simplement votre premier sondage intelligent sur votre site en moins de 20 minutes, et bien souvent en seulement deux ou trois minutes.

Vous avez vu que vous pouvez insérer par exemple une question simple ou une série de questions les unes à la suite des autres n'importe où dans un article de blog ou sur n'importe quelle page web.

Vous n'avez même pas besoin de dire dans un article que vous allez poser une question, et la mettre directement à un endroit stratégique désiré.

Cela vous permet de faire votre marketing de contenu de la façon la plus efficace possible, car votre marketing est tellement bien intégré à votre contenu que vous ne pouvez même plus faire la différence entre les deux, et vos articles deviennent vivants.

Cette formation se termine et il reste à la conclure en page suivante.

CONCLUSION.

Cette formation est désormais terminée, et vous a appris à utiliser un moyen 100% gratuit pour déterminer exactement ce qu'il y a dans la tête des gens qui vous suivent grâce aux sondages intelligents.

Vous avez ainsi pu transformer votre blog ou site en véritable machine à prédire l'avenir en moins de 20 minutes.

Dans un premier module, vous avez d'abord compris le principe général de fonctionnement des sondages intelligents, et vous avez vu pourquoi leur efficacité n'a plus rien à voir avec les anciennes méthodes classiques de récolter de l'information comme les commentaires ou les enquêtes qui sonnent trop commerciales.

Dans un deuxième module, vous avez vu tous les avantages qu'il y a à utiliser les sondages intelligents et pourquoi ils vont vous permettre de faire un véritable carton.

Après avoir compris le pourquoi les sondages intelligents sont si efficaces, vous avez alors vu le comment.

Le troisième module vous a donc montré comment vous pouviez les utiliser à votre avantage. Vous y avez découvert toutes les applications les plus importantes, ainsi que les meilleures endroits sur votre site (ou ailleurs) d'en mettre pour avoir un maximum de résultats.

Enfin, le quatrième module vous a tout expliqué pour installer, paramétrer, créer et publier votre premier sondage intelligent sur votre site, en moins de 20 minutes.

Vous disposez désormais d'un véritable pouvoir, d'une boule de cristal grandeur nature et d'une précision d'horloger, qui va vous permettre de laisser vos concurrents sur place.

Contrairement à la grande majorité, vous ne perdrez plus jamais des semaines à vous enfermer dans une cave pour créer un produit, et à voir qu'il ne vous rapporte que des miettes à son lancement.

Vous arrêterez de créer du contenu que vos visiteurs n'ont pas envie de lire ou de regarder, et vous rendrez le tout beaucoup plus vivant en installant une toute nouvelle dynamique d'interaction et de convivialité sur votre site.

Votre marketing sera lié tellement étroitement à votre contenu qu'il sera difficile de faire la différence, ce qui vous propulsera au rang de la petite minorité des gens qui font du marketing de contenu de la façon la plus efficace.

Utilisez les sondages intelligents le plus souvent possible, et vous obtiendrez rapidement une quantité de retours phénoménale de vos visiteurs.

Vous pourrez ainsi connaître avec précision leurs besoins, leurs problèmes, leurs désirs et leurs attentes, afin de pouvoir les servir du mieux possible, tout ça d'une manière nouvelle et palpitante.

Et lorsque vous les servez au mieux et de façon précise et ultra ciblée sur ce qu'ils veulent, alors ils vont rendront la pareille en s'engageant davantage, en achetant beaucoup plus de choses, et en se transformant en fans et en ambassadeurs de votre business par le bouche à oreille.

Je vous souhaite donc tous mes voeux de succès avec les sondages intelligents et vous dis à bientôt, j'espère, dans une prochaine formation.

A PROPOS DE L'AUTEUR.

Rémy Roulier est un ancien ingénieur informatique et responsable marketing dans une multinationale.

Il est aujourd'hui auteur best-seller, digital nomad et voyage partout dans le monde, ayant acquis depuis plus de dix ans une véritable expertise dans le marketing internet et le développement personnel.

Il partage aujourd'hui ses outils et son expérience pour permettre aux autres d'atteindre également leur indépendance financière et de façonner leur vie telle qu'ils la désirent vraiment.

CRÉATIONS DU MÊME AUTEUR.

Retrouvez mes nombreuses créations directement sur Amazon.

En voici aussi quelques-unes qui peuvent vous servir :

DEVENIR RICHE AVEC UNE PETITE MAILING LIST: LE SYSTEME EMAIL MARKETING COMPLET POUR CONSTRUIRE ET TRANSFORMER UNE MAILING LIST (MEME PETITE) EN POULE AUX OEUFS D'OR.
Un nouveau système email marketing complet qui vous guide pas-à-pas pour construire une mailing list de prospects ciblés en un temps record, et qui vous montre comment extraire un maximum d'argent de n'importe quelle liste, qu'elle soit morte et n'ouvre plus vos emails, ou qu'elle soit très petite.

LA RETRAITE À 30 ANS: COMMENT PRENDRE SA RETRAITE ET ATTEINDRE L'INDEPENDANCE FINANCIERE 4 FOIS PLUS VITE QUE LES AUTRES, VOYAGER, VIVRE SES REVES ET ETRE HEUREUX.
Une méthode qui vous guide pas-à-pas pour prendre votre retraite et arrêter de travailler le plus rapidement possible et 4 fois plus vite ou plus que les autres. Dévorez vite ces informations qui bientôt redeviendront introuvables, et qui vont vous permettre de prendre votre retraite à 30 ans, voyager, vivre vos rêves et être heureux.

TRAFIC WEB EXTRÊME EN CREANT UN FAUX LIVRE:
COMMENT ECRIRE UN LIVRE INCONTOURNABLE SANS RIEN REDIGER ET
PROPULSER SON BLOG, DECUPLER SON TRAFIC INTERNET, EXPLOSER SA
MAILING LIST.

Découvrez comment vous pouvez facilement et rapidement créer un livre qui soit incontournable dans votre thématique sans rien devoir rédiger. Puis, distribuez-le pour faire le buzz, décupler votre trafic et exploser votre mailing list de personnes hyper ciblées. Avec cette technique, certains sont devenus N°1 de leur thématique, pourquoi pas vous?

VOTRE PREMIER SMIC SUR INTERNET EN 72 HEURES:
LE SYSTEME INEDIT LE PLUS RAPIDE POUR GAGNER DE L'ARGENT SUR
INTERNET QUAND ON N'A PAS LE TEMPS ET GENERER 1200 EUROS EN 3
JOURS SANS CREER DE PRODUIT.

Une méthode inédite pour générer vos premiers 1200 euros en ligne en seulement 3 jours et sans créer de produit. A posséder absolument pour tous ceux qui n'ont plus le temps ou qui ont déjà tout essayé pour gagner de l'argent sur Internet. Cette méthode va tout changer.

DEVENIR RICHE AVEC UN BLOG DE CURATION:
CREER UN BLOG D'EXPERT QUI CARTONNE ET GAGNER DE L'ARGENT SANS
CREER D'ARTICLES AVEC LA CURATION.

Accédez à la méthode la plus complète pour réussir rapidement avec un blog de curation. Cette nouvelle méthode simple et ludique de bloguer va vous permettre de gagner beaucoup d'argent et de vous positionner rapidement comme un véritable expert, sans jamais avoir besoin d'écrire des articles, de tourner des vidéos ou d'être un spécialiste de votre niche.

ECRIRE UN EBOOK IRRESISTIBLE EN UN WEEK-END:
LA NOUVELLE METHODE POUR ECRIRE UN LIVRE QUE LES LECTEURS
ADORENT, PRET A VENDRE LUNDI MATIN.
Laissez-vous guider par une procédure simple et d'une efficacité redoutable pour créer en seulement un week-end un ebook que les gens vont s'arracher, même si vous n'êtes pas expert dans un domaine.

DEVENIR RICHE EN 42 JOURS:
LA METHODE PAS-A-PAS POUR.GAGNER DE L'ARGENT SUR INTERNET ET
VIVRE SES REVES EN PARTANT DE RIEN.
Une méthode prouvée qui vous guide pas-à-pas et vous permet d'atteindre votre indépendance financière en 42 jours grâce à Internet, même si vous démarrez actuellement de rien. Un must à ne pas manquer.